조선 시대 왕 이야기 ❸

# 왕의 어린 왕비

글 권기경 | 그림 최정인

왕비의 가마 행렬 바로 앞에 지나가는 꽃가마 모습. (규장각 한국학연구원)

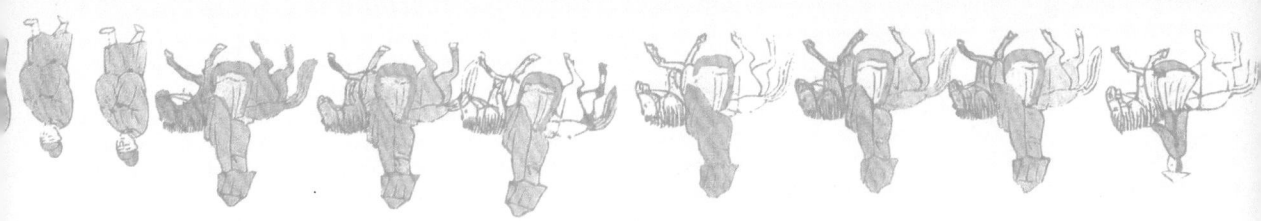

드디어 임금님의 가마가 지나갑니다.

새 왕비를 맞이하는 영조 임금의 얼굴엔

마냥 싱글벙글 웃음이 그칠 줄 모릅니다.

오늘은 영조 임금의 두 번째 혼례가 열리는 날이자

조선에 새로운 왕비가 탄생하는 흥겨운 날입니다.

가난한 양반집 딸에서 마침내 왕비가 된 열다섯 살 소녀.

소녀는 과연 어떻게 조선의 왕비가 되었을까요?

못 말리는 할아버지 · 6

수상한 방물장수 · 12

사랑의 꽃반지 · 19

첫 시험을 치르다 · 26

새로운 다짐을 하다 · 38

마침내 왕비가 되다 · 47

진이, 신랑을 만나다 · 60

◆ 왕비가 된 정순 왕후의 삶은 어땠을까? · 62

# 못 말리는 할아버지

"진이야, 어서 일어나. 할아버지 오셨어."
엄마가 진이를 흔들어 깨웠다.
"아, 몰라. 일요일인데 그냥 자게 내버려 둬."
진이는 이불을 끌어당겨 머리 위까지 뒤집어썼다. 그러자 엄마는 다시 이불을 끌어내리고 진이의 귀에 대고 큰 소리로 외쳤다.
"할아버지 오셨다니까! 경주 할아버지!"
그 말에 진이는 벌떡 일어났다.
"누구?"
"경주 할아버지."
경주 할아버지란 소리에 잠이 싹 달아났다. 마침 뻐꾸기시계가 뻐꾹뻐꾹 하고 시간을 알려줬다. 새벽 여섯 시였다.
"후유!"
진이는 절로 한숨이 새어 나왔다. 경주 할아버지는 경상북도 경주에 살고 있는 진이의 친할아버지였다. 진이는 만날 때마다 트집을 잡기 일쑤인 경주 할아버지가 전혀 안 반가웠다.
'오늘은 또 무슨 트집을 잡으려고 꼭두새벽부터 달려오신 걸까?'

아침상 앞에 마주 앉은 진이는 할아버지의 눈치를 살폈다. 아니나 다를까.
"숟가락으로 푹푹 떠먹어야지. 그렇게 젓가락으로 깨작깨작 밥알을 세면 못쓴다."
생각했던 대로 할아버지의 트집이 시작됐다.
"아침엔 밥이 잘 안 넘어간단 말이에요. 그리고 우리 집은 원래 아침에 밥 대신 빵 먹는데……."
진이가 볼멘소리를 하자, 엄마가 진이의 옆구리를 쿡 찔렀다. 여느 땐 대가 셌던 엄마도 경주 할아버지라면 꼼짝을 못하고 쩔쩔 맸다. 진이는 하는 수 없이 젓가락을 내려놓고 숟가락으로 밥을 푹 떠먹었다. 잘 안 넘어가는 밥을 억지로 먹어서인지 목이 메어 왔다. 그때 할아버지가 갑자기 말을 꺼냈다.
"진이 신랑감을 정했다."
그 소리에 진이의 입속에 있던 밥알이 튀어나왔다. 물론 밥상은 엉망진창이 되고 말았다.
"그, 그게 무슨 소리예요?"
진이는 눈이 휘둥그레져서 말했다.
"허, 여러 말 할 것 없다. 어서 서둘러라. 밥 먹고 나서 바로 신랑 될 사람 만나러 가야 하니까."

할아버지는 전혀 아랑곳하지 않고 말했다. 부랴부랴 아침상을 다 치우고 난 엄마는 창밖을 바라보며 안절부절못했다. 중절모를 쓴 할아버지가 마당을 서성이고 있었다.
"할아버지 기다리시잖아. 못 이기는 척하고 다녀와. 어서!"
엄마는 진이 등을 떠밀었다. 진이는 안 나가려고 방문 손잡이를 붙잡았다.
"싫어! 안 갈 거야!"
"그냥 가서 얼굴만 보고 오라니까."
"결혼도 안 할 사람 얼굴은 봐서 뭐 해?"
진이가 끝까지 버티자, 엄마는 팔짱을 낀 채 화난 얼굴로 말했다.
"너 그러면 앞으로 다시는 컴퓨터 못하게 한다."
진이는 울상을 지었다. 경주 할아버지를 따라서 신랑감을 보러 가는 것도 끔찍했지만, 컴퓨터를 못하게 되는 건 더더욱 끔찍했다. 할 수 없이 진이는 눈 딱 감고 할아버지를 따라나서기로 했다.
"왜 입이 댓 발이나 나왔어?"
할아버지는 진이의 뚱한 낯빛이 못마땅한지 또 트집을 잡았다.
"할아버지 같으면 기분이 좋겠어요?"
"그럼, 좋고말고! 신랑감 만나러 가는데 기분이 안 좋아?"

진이는 어이없는 얼굴로 할아버지를 바라보았다.
"할아버지, 저 아직 오 학년이거든요!"
"너희 할미도 네 나이 때 이 할아비한테 시집왔어."
경주 할아버지와는 도무지 말이 안 통했다. 진이는 그저 어디론가 달아나고 싶은 생각뿐이었다.
신랑감을 만나기로 한 곳은 조용한 유원지였다. 일요일 오후인데도 사람들의 모습은 거의 찾아볼 수 없었다.
"우리가 너무 일찍 왔나? 할아비 저기 가게에 잠깐 갔다 오마."
경주 할아버지가 자리를 뜨자마자 진이는 잽싸게 달아났다. 한참을 그렇게 정신없이 달리자 눈앞에 커다란 무덤이 나타났다. 몸을 숨기기엔 그만이었다. 무덤 뒤에 숨어 가쁜 숨을 몰아쉰 진이는 고개를 살짝 내밀어 밖을 살폈다. 할아버지는 그 어디에도 안 보였다.
"후유!"
한숨을 내쉬고 무덤에 기대앉으려는데, 예쁜 꽃 한 송이가 눈에 띄었다.
"어, 무덤 위에 꽃이 피었네?"
그러면서 살며시 꽃잎을 만지자마자 진이의 모습은 온데간데없이 사라져 버렸다.

# 열다섯 살 어린 왕비 정순 왕후가 지냈던 궁궐, 창경궁!

예순여섯 살 영조 임금은 열다섯 살 어린 신부를 두 번째 왕비로 맞이했어요. 그 왕비가 바로 정순 왕후였지요. 그 무렵 영조 임금은 사도세자한테 나랏일을 잠깐 맡기고, 이곳 창경궁에서 지냈어요. 그것은 왕의 혼례 행사를 주로 창경궁에서 치렀기 때문이지요. (시몽포토)

# 수상한 방물장수

"계시우?"

누군가 대문을 밀고 들어와 사람을 찾았다. 방에서 수를 놓고 있던 진이는 방문을 열고 마당을 내다보았다. 아주머니 한 분이 보퉁이를 들고 집 안을 기웃거리고 있었다.

"누구세요?"

"아이고, 마침 아기씨가 계셨네."

아주머니는 마치 전에 봤던 사람처럼 알은체를 하며 진이한테로 다가왔다.

'누구지? 처음 보는 얼굴인데……'

진이는 기억을 더듬어 보았지만 도무지 생각이 안 났다.

"혹시 저희 부모님을 찾아오셨나요?"

"그게 아니라……"

그러면서 아주머니는 마루에 엉덩이를 털썩 붙이고 앉더니 스스럼없이 보자기를 풀어헤쳤다.

"이번에 청나라에서 아주 좋은 화장품이 들어왔는데, 한번 보려오?"

진이는 그제야 아주머니가 화장품을 비롯해 이런저런 물건들을 팔러 다니는 방물장수라는 걸 알았다.

"아기씨가 이걸 바르면 하얀 복사꽃처럼 예쁠 거유."

방물장수는 보자기 속에서 빛깔이 고운 청나라 분을 꺼내 진이한테 내밀었다. 부드럽고 달콤한 냄새가 훅 하고 진이의 코를 찔렀다. 청나라 분을 바르고 싶은 마음은 굴뚝같았지만, 진이네는 비싼 화장품을 쓸 만큼 형편이 넉넉지 않았다.

"미안하지만 전 괜찮습니다."

"아니, 왜요? 장안의 내로라하는 양반가 아기씨들은 너도나도 이 청나라 분을 찾느라 야단인데……. 오라, 이게 마음에 안 드시나 보구나. 그럼 이건 어떠세요?"

방물장수는 이번엔 보자기에서 다른 물건들을 꺼내 놓았다. 화려한 은비녀와 아기자기한 노리개 그리고 얼굴이 훤히 비치는 거울도 있었다. 모두 눈이 번쩍 뜨일 만큼 예쁜 것들이었지만, 진이는 이번에도 군침만 삼켰다.

"저는 아직 어려서 이런 물건이 필요 없답니다."

그러자 방물장수는 펄쩍 뛰었다.

"필요 없다니요? 아기씨가 지금 하고 있는 차림새를 보세요. 그게 어디 양반가 아기씨입니까?"

방물장수의 말에 진이는 얼굴이 화끈 달아올랐다.

"혹시 돈이 없어서 그러세요? 하긴 집안 꼴을 보아하니……."

방물장수는 허름한 집안을 둘러보더니 혀까지 끌끌 찼다. 가난한 살림을 업신여기는 얼굴이 뚜렷했다. 더는 참을 수 없어 진이가 서릿발 같은 목소리로 말했다.

"네가 감히 여기가 어디라고 경거망동을 하느냐? 우리 집안은 조상 대대로 학문을 닦아 온 선비 집안이다. 나는 태어나서 여태껏 우리 부모님과 조상을 한 번도 부끄러워해 본 적이 없거늘, 네가 뭔데 남의 집안을 업신여기느냐?"

그러자 방물장수는 움찔했다.

"그, 그게 아니라……."

"가난은 부끄러운 것도, 죄도 아니란 걸 모르느냐?"

"아이고, 잘못했습니다요. 아기씨, 한번만 용서해 주십시오."

방물장수는 고개를 숙이고 두 손을 싹싹 빌었다. 그때 연희가 마당으로 들어섰다.

"진이야, 준비 다 됐어?"

연희가 끼어든 틈을 타 방물장수는 보자기를 집어 들고 후닥닥 달아났다. 대문 밖으로 사라지는 방물장수를 바라보며 연희가 말했다.

"저 아줌마 여기도 왔네?"

"너희 집에도 갔었어?"

"응. 이 노리개 저 아줌마한테 산 거야. 예쁘지?"

연희는 저고리에 달려 있는 노리개를 보여 주며 자랑했다. 아까 진이가 본 노리개보다 훨씬 예쁘고 좋아 보였다.

'나도 저런 노리개 하나만 있었으면…….'

더없이 부러운 눈으로 노리개를 바라보고 있는데, 연희가 진이의 손을 잡아끌었다.

"어서 가자. 이러다 늦겠다."

"어딜 가는데?"

"그런 데가 있어. 넌 나만 따라와."

진이는 연희를 따라 집을 나섰다. 둘은 골목을 벗어나 사람들이 많이 지나다니는 큰길로 들어섰다.

"아까 그 방물장수, 아무래도 중매쟁이 같아."

연희가 말했다.

"중매? 그런 말은 없던데?"

"순진하긴. 중매쟁이가 나 중매쟁이라고 떠들고 다니는 줄 알아? 머리끝부터 발끝까지 찬찬히 날 뜯어보는 거 하며, 이것저것 꼬치꼬치 캐묻는 게 틀림없어. 누군가 우릴 살펴보고 오라고 시킨 거야."

"에이, 아닐 거야. 우리 집에 와선 가난하다고 실컷 비웃고 갔는걸."

진이는 조금 전에 창피당한 걸 생각하니 또다시 기분이 나빠졌다. 바로 그때 진이가 걸음을 멈칫하더니 한곳으로 눈길을 돌렸다. 한 여자가 막 가마에 올라타고 있는 것이 보였다.

"저기 저 사람, 아까 그 방물장수 아니야?"

"누구? 저 비단 쓰개치마 쓴 여자?"

진이는 고개를 끄덕였다. 비단 쓰개치마로 얼굴을 가리긴 했지만, 그녀는 방물장수가 틀림없었다. 그런데 어떻게 된 영문인지 좀 전까지만 해도 허름한 옷차림에 보자기를 들고 다녔던 여자가, 지금은 비단 쓰개치마를 쓰고 양반집 마님들이나 타고 다니는 가마를 타고 있었다. 진이는 고개를 갸웃했다.

'대체 저 여자는 누구지?'

# 역사스페셜 박물관

### 의궤

조선 시대 나라에서 중요한 행사가 있을 때 그 과정을 꼼꼼히 적거나 그림으로 그려서 남긴 책입니다. 의궤에 있는 그림을 보면 아주 생생하게 그때의 행사 모습들을 엿볼 수 있어요. 의궤는 일반 의궤와 어람용 의궤로 나뉘는데, 어람용 의궤는 임금한테 보여 줄 목적으로 만든 것을 말하지요. 오른쪽에서 보는 것처럼 어람용 의궤는 비단으로 겉을 싸고, 고급스럽게 묶음 장식을 했어요. (규장각 한국학연구원)

### 《영조 정순후 가례도감의궤》

이 의궤는 영조 임금과 정순 왕후의 가례, 곧 혼례에 얽힌 이야기를 적은 책입니다. 혼례의 주요 행사는 물론, 혼례에 필요한 여러 물품의 재료와 수량에서부터 물품 제작에 참여한 장인들의 이름 그리고 행사와 관련해서 여러 관청 사이에 오고 간 공문서에 이르기까지 낱낱이 적혀 있어요. 우리는 이 의궤에서 영조 임금의 두 번째 혼례를 마치 눈앞에서 보는 것처럼 생생하게 엿볼 수 있지요. (규장각 한국학연구원)

### 《한중록》

조선 시대의 혼례를 엿볼 수 있는 또 하나의 책이 바로 이 《한중록》입니다. 사도세자의 부인인 혜경궁 홍씨가 어릴 적부터 세자빈 간택과 궁중 생활 그리고 사도세자의 죽음에 이르기까지를 기록한 궁중 문학이지요. 더욱이 이 책은 양반가의 딸이 세자빈이나 왕비로 간택되는 과정을 잘 알 수 있지요. (규장각 한국학연구원)

### 의궤의 보물 창고

조선 시대 의궤를 보고 싶으세요? 그럼 서울대학교 규장각(왼쪽)에 가 보세요. 이곳에는 자그마치 삼천 권쯤 되는 의궤가 보관돼 있답니다. 한마디로 의궤의 보물 창고라고 할 수 있지요. (시몽포토)

오호, 생생하군!

# 사랑의 꽃반지

진이는 연희를 따라 계곡을 지나고 있었다. 산에서 내려온 맑은 물이 시원한 소리를 내며 아래로 흘러내렸다.
"연희야, 아직 멀었어?"
"다 왔어. 조금만 더 가면 돼."
계곡을 따라 산길을 조금 더 올라가자, 연희가 걸음을 멈추었다.
"저기야."
그곳엔 작은 절이 있었다.
"저곳에서 누가 널 기다리고 있을 거야."
연희가 절을 가리키며 말했다.
"나를? 누가?"
진이는 어리둥절해서 연희를 바라보았다. 연희는 잠깐 뜸을 들이더니 차분하게 말했다.

"정 도령."

그 말을 듣자마자 진이는 금세 얼굴이 빨개졌다. 정 도령은 진이가 짝사랑하는 사람이었다. 진이는 가슴이 두근거렸다. 하지만 그런 마음을 애써 숨기고 아무렇지 않은 듯 말했다.

"정 도령이 왜?"

"그거야 만나 보면 알겠지. 어서 가 봐."

연희가 등을 떠미는 바람에 몇 발짝 앞으로 나아갔지만, 진이는 곧 걸음을 멈추었다. 물론 마음 같아선 곧바로 달려가서 정 도령을 만나고 싶었다. 하지만 연희를 생각하면 도저히 발길이 안 떨어졌다. 진이는 연희도 자기만큼이나 정 도령을 좋아한다는 걸 잘 알고 있었다.

"너, 나 때문에 그러는구나. 그치?"

연희도 진이의 마음을 읽고 있었다. 진이는 차마 아니란 말을 못하고 고개를 끄덕이며 말했다.

"나한텐 연희 너도 정 도령 못지않게 중요해."

그건 진심이었다. 진이는 정 도령과의 사랑 때문에 연희와의 우정을 깨뜨리고 싶지 않았다. 그런데 연희가 불쑥 뜻밖의 말을 내뱉었다.

"정 도령은 내 신랑감이 아니야."

"그게 무슨 말이야?"

진이가 눈을 동그랗게 뜨고 물었다. 정 도령은 집안도 좋은 데다가, 사람도 나무랄 데 없이 훌륭했다. 사람들은 정 도령이 머지않아 과거에

급제해서 아버지보다 더 높은 벼슬에 오를 것이라고 말했다.

"난 왕비가 될 거니까."

연희가 잠깐 뜸을 들이다가 마침내 속내를 내비쳤다. 진이는 자기 귀를 의심했다. 왕비가 되려면 임금님과 혼례를 올려야 하는데, 그건 아무리 생각해도 힘든 일이었다.

"말도 안 돼. 임금님은 나이도 아주 많다던데."

진이는 어이없어하는 얼굴로 말했다.

"그게 뭐 어때서? 양반가의 아내로 그냥저냥 살 바에야 왕비로 사는 게 훨씬 나아."

연희는 조금도 주저함 없이 말했다. 그러더니 연희는 진이의 등을 절 쪽으로 떠밀었다.

"도련님 너무 오래 기다리신다. 그러다 달아나면 어떡하려고?"

진이는 못 이기는 체하고 절 쪽으로 걸어갔다. 연희의 마음을 알고 나니 발걸음이 한결 가벼워졌다.

"왔구나!"

진이를 보자 책을 읽고 있던 정 도령이 벌떡 일어나며 말했다. 보아하니 정 도령도 마음이 들떠 안절부절못하는 눈치였다.

"응. 근데 왜 불렀어?"

"부모님이 혼인할 자리를 알아보고 계셔."

그 말에 진이는 가슴이 철렁했다.

'정 도령의 부모님은 어떤 신붓감을 찾으실까? 나 같은 가난한 집안의 딸은 언감생심 꿈조차 꿀 수 없겠지?'

 진이는 마음이 아파서 눈물이 나올 것만 같았다.

 "하지만 내 마음속엔 벌써 색싯감으로 점찍어 놓은 사람이 있어."

 정 도령의 말에 진이는 움찔했다.

 "그건 바로 너야. 진이 네가 내 색시가 되어 줘."

 정 도령은 마음을 단단히 먹은 듯 말했다. 진이는 너무 놀란 나머지 머리가 멍해져 아무 말도 안 나왔다. 마치 꿈속에서 구름 위를 걷고 있는 기분이었다. 진이가 바로 대답을 안 하자 정 도령은 조바심이 났다.

 "진이야, 넌 내가 싫어?"

 "아, 아니."

 진이는 재빨리 고개를 저었다. 그리고 자기도 모르게 마음속 깊이 숨어 있던 말 한마디가 입 밖으로 툭 튀어나왔다.

 "너무 좋아서 그래."

 진이의 말에 정 도령은 뛸 듯이 기뻐했다. 그리고 나서 곧장 어디론가 달려가더니, 얼마 뒤 들꽃 한 송이를 손에 들고 나타났다. 그리고 그 꽃으로 반지를 만들어 진이의 손가락에 끼워 주었다.

 "이건 우리 둘만 아는 사랑의 증표야."

 진이는 가슴이 벅차올라 눈물을 흘렸다. 정 도령은 그런 진이를 꼭 감싸 안았다.

정 도령과 헤어져 집으로 돌아오는 내내 진이는 꽃반지에서 눈을 뗄 수가 없었다. 이렇게 행복한 기분은 태어나서 처음이었다. 하지만 진이의 앞날에 뜻하지 않은 일이 기다리고 있었다. 집에 온 진이는 부모님 앞에 불려가 앉았다. 먼저 아버지가 어렵게 입을 뗐다.

"나라에서 금혼령을 내렸다."

"예?"

진이는 어리둥절했다.

"임금님께서 두 번째 왕비를 맞이하신다는구나."

"그럼 왕비가 뽑힐 때까지 기다리면 되잖아요."

"그게 아니라……."

아버지가 말끝을 흐렸다. 그러자 이번엔 어머니가 울먹이며 말했다.

"진이야, 이를 어쩌면 좋으냐?"

"왜요? 임금님이 혼인하는 게 저하고 무슨 상관이라도 있나요?"

진이는 도무지 영문을 모르겠다는 듯 물었다.

"궁궐에서 글쎄, 네 사주단자를 보내라지 뭐니?"

사주단자란 혼인을 하기 전에 신부의 연월일시 네 간지를 적어서 보내는 것을 말한다. 그것은 벌써 왕비 후보감이 됐다는 뜻이었다.

'설마 내가…….'

진이는 눈앞이 캄캄해졌다.

# 역사스페셜 박물관

### 달밤의 만남

조선 시대의 화원 신윤복이 그린 풍속화 가운데는 아주 재미있는 그림이 있어요. 바로 이 '월하정인(月下情人)'이라는 작품인데요, 새벽 한 시에서 세 시경에 달빛 아래서 쓰개치마를 쓴 여인과 젊은이가 남몰래 만나는 모습이에요. 남자가 품속에 손을 집어넣고 무언가를 꺼내려 하고 있어요. 아마도 사랑의 증표가 아닐까요?(간송미술관)

### 단자

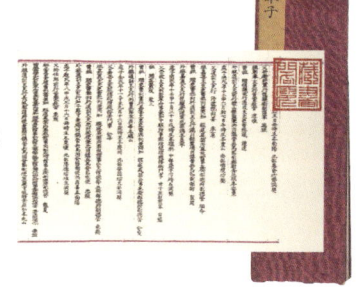

단자는 왕비 후보자들이 간택에 참여하고자 왕실에 내는 이른바 왕비 후보 신청서라고 할 수 있어요. 단자엔 규수의 이름, 나이, 주소, 생년월일 그리고 가문을 알 수 있는 조상의 내력이 자세히 적혀 있어요. 오른쪽은 고종 때의 단자인데요, 영조 때의 것도 이와 같았다고 해요.(한국학중앙연구원 장서각)

### 영조 어진

어진은 임금의 초상화를 말합니다. 바로 이분이 조선의 21대 왕인 영조 임금이에요. 영조는 조선 시대 임금 가운데 가장 오랫동안 왕의 자리에 있었으며, 또 가장 오래 사신 분이기도 해요. 영조 임금은 첫 번째 왕비인 정성 왕후가 세상을 떠나자 예순여섯 나이에 두 번째 왕비를 맞이하는데, 그분이 바로 열다섯에 왕비가 된 정순 왕후입니다.(국립고궁박물관)

### 탕평비각

성균관대학교 정문 바로 앞에는 탕평비각이 서 있는데, 여기에는 영조 임금이 몸소 쓴 글귀가 적혀 있어요. 이를 풀어 보면 "편당 아니 짓고 두루 화합함은 군자의 공평한 마음이고, 두루 아니 화합하고 편당 짓는 것은 소인의 사심이다."라는 말이지요. 이 말에는 당파를 안 가리고 실력에 따라 고루 인재를 쓰고자 했던 영조의 깊은 뜻이 담겨 있어요. 이를 일컬어 탕평책이라고 하지요.(시몽포토)

# 첫 시험을 치르다

"우리 진이는 벌써 혼인했다고 합시다. 그럼 왕비 후보에서 빼 주지 않겠어요?"

어머니는 걱정이 태산 같은 얼굴로 아버지한테 말했다. 그러자 아버지가 버럭 화를 냈다.

"지금 나보고 왕실에다 거짓말을 하라는 거요?"

"그럼 어떡해요? 왕비가 못 되면 평생 혼인도 못하는 신세로 살아야 하는데……."

어머니는 금방이라도 울음을 터뜨릴 듯 말했다.

"그게 운명이라면 어쩔 수 없는 거지."

"그러게 내가 이런 일이 있기 전에 어서 혼인을 시키자고 했잖아요."

"난들 임금님께서 왕비를 또다시 맞을지 누가 알았소? 나이가 그렇게 많은데……."

아버지는 모든 것을 포기한 듯 허공을 바라보았다. 어머니는 끝내 참았던 울음을 터뜨렸다.

"어머니, 마음을 가라앉히세요. 무슨 방법이 있을 거예요."

옆에서 잠자코 얘기를 듣고 있던 진이가 입을 열었다. 말은 그렇게 했지만 금혼령이 내려지고, 더욱이 사주단자를 보내라는 명이 내려진 마당에 달리 방법이 있을 리가 없었다. 무엇보다 왕비 시험을 보려면 여러 차례 힘들고 어려운 과정을 거쳐야 했다. 게다가 마지막까지 가서도 왕비가 못 되면 평생 후궁으로 살아야 했다. 그래서 많은 양반가에서는 이런 일이 생기기 전에 서둘러 딸을 혼인시켰다.

'정 도령을 좀만 더 일찍 만났더라도……'

진이는 정 도령이 끼워 준 꽃반지를 가만히 내려다보았다. 그때 돌멩이 하나가 마당으로 떨어졌다. '어? 뭐지?' 하고 고개를 드는데, 담 너머에서 또다시 돌멩이가 날아들었다. 진이는 곧바로 정 도령의 짓이란 걸 알아차렸다. 몰래 마당을 빠져나온 진이는 대문 밖으로 나갔다. 생각했던 대로 정 도령이 기다리고 있었다.

"방 붙은 거 봤어? 금혼령이 내려졌대."

"응, 알아."

"이러다 왕비 후보감으로 뽑히면 큰일인데……"

정 도령은 아직 진이한테 일어난 일을 전혀 모르는 눈치였다. 진이는 이 일을 어찌해야 할지 몰랐다.

'만일 정 도령이 알게 된다면…….'

진이가 괴로워서 속을 태우는 사이 정 도령이 힘주어 말했다.

"안 되겠어. 내일이라도 곧장 우리 둘을 혼인시켜 달라고 부모님한테 졸라 볼게."

"그, 그게……."

진이가 무슨 말을 꺼내려다 멈칫하자 정 도령이 다시 말했다.

"걱정하지 마. 내가 다 알아서 할 테니까."

"아니, 그게 아니라……."

"아쉽지만 혼례는 간소하게 하자. 응?"

진이는 더는 미룰 수 없었다.

"궁에서 사주단자를 보내래."

"뭐?"

정 도령은 깜짝 놀라 소리쳤다.

"왕비 시험에 참가하라는 명을 받았어."

"그럼, 벌써 왕비 후보가 됐단 말이야?"

안 그래도 하얀 정 도령의 얼굴이 더 하얘졌다.

"응."

진이는 힘없이 고개를 끄덕였다.

"진이야, 우리 이럴 게 아니라 오늘밤에라도 얼른 달아나자."

정 도령은 진이의 손목을 덥석 붙잡으며 말했다.

"그럼 우리 부모님이나 너희 부모님은 어떡하고?"

진이는 못내 안타까운 얼굴로 말했다.

"그럼 그냥 왕비 시험을 보겠다는 거야? 왕비는 벌써 정해져 있다는 소문이 자자하단 말이야. 들러리만 서고 후궁이 될지도 모르는데, 그래도 괜찮다는 거야?"

정 도령은 흥분해서 소리를 질렀다. 진이도 답답한 마음에 목소리가 커졌다.

"아니, 안 괜찮아! 나도 후궁 같은 건 안 되고 싶어."

"그럼 어쩌겠다는 거야?"

정 도령이 다그치자 진이는 별 생각 없이 툭 내뱉었다.

"첫 시험에서 떨어지면 되잖아!"

진이와 정 도령은 서로 눈을 마주쳤다. 둘은 속으로 같은 생각을 하고 있었다.

'그래, 바로 그거야! 왜 미처 그 생각을 못했을까?'

왕비도 후궁도 안 되는 방법이 거기 있었던 것이다. 왕비를 뽑는 첫 시험은 왕궁에서 미리 정한 스물여섯 후보들이 서로 겨뤄, 여기에서 성적이 좋은 여섯 사람만이 두 번째 시험을 치를 수 있었다. 따라서 첫 시험에서 떨어진 사람들은 다시 옛날로 돌아가 평범하게 살 수가 있었던 것이다.

막상 시험에서 떨어져야겠다는 생각을 하자 진이는 마음이 편해졌다.

그런데 시험 날짜가 다가오자 어머니의 한숨은 점점 더 깊어 갔다. 왕비 후보감들은 비단 저고리를 입고 화려한 가마를 타고 궁궐에 들어가야 하는데, 진이네는 그런 돈을 들일 형편이 못 됐다.

"무명 저고리를 입혀 보낼 수도 없고, 이를 어떡하면 좋으냐?"

"어머니, 차라리 잘됐어요. 전 그냥 무명 저고리를 입고 궁궐에 들어가겠어요."

그때 누군가 소리를 버럭 지르고 나섰다.

"무슨 소릴 하는 게야? 만일 네가 무명 저고리를 입고 가면 사람들이 우리 집안을 어떻게 보겠느냐?"

소리를 지른 사람은 진이 오빠인 귀주였다.

"귀주 오라버니, 양반이라 해서 모두 잘사는 건 아니잖아요? 그렇다고 돈을 꾸면서까지 비싼 옷과 가마를 살 수는 없는 노릇이고요."

"그건 예의이자 집안의 체면이 달린 문제야."

귀주는 진이의 말을 그 자리에서 딱 자르고는 어머니한테로 고개를 돌리더니 자신 있게 말했다.

"어머니, 진이가 입고 갈 옷과 가마는 제가 다 알아서 마련해 볼 테니 너무 걱정하지 마세요."

그렇게 큰소리를 치고 집을 나선 귀주는 정말 얼마 뒤에 큰돈을 꾸어 왔다. 진이는 그 돈을 보고 깜짝 놀랐다.

"이 많은 돈이 다 어디서 났어요?"

"그건 네가 알 바 아니다. 너는 시험만 잘 치르면 돼."

"아, 알았어요."

진이는 오빠 말에 움찔했다. 식구들은 아직 진이의 속셈을 몰랐다. 그것은 진이와 정 도령 둘만의 비밀이었다.

드디어 첫 시험 날이 다가왔다. 노랑 저고리와 다홍치마를 차려입은 진이는 화려한 가마를 타고 궁궐로 들어갔다. 시험장엔 벌써 스물여섯의 규수들이 얌전히 앉아서 시험이 시작되기만을 기다리고 있었다. 그 가운데엔 진이의 둘도 없는 동무인 연희도 있었다.

"와, 예쁘다!"

진이가 진심으로 연희를 칭찬해 주었다.

"진이 너도 이렇게 차리니까 아주 예쁜데?"

연희도 칭찬을 아끼지 않았다.

"왕비는 벌써 정해져 있다면서? 보나마나 연희 너겠지?"

"뭐, 다들 그렇다고는 하지만 끝까지 가 봐야 알지."

연희는 차분하게 말했다.

"꼭 왕비가 되길 빌어 줄게."

진이가 연희의 손을 꼭 잡으며 말했다. 연희도 그런 진이의 손을 마주 잡으며 말했다.

"고마워."

둘은 그렇게 두 손을 마주잡은 채 얼굴 가득 웃음을 지었다.

그때 갑자기 미닫이문이 열리며 상궁 하나가 들어왔다. 상궁의 얼굴을 본 진이는 깜짝 놀랐다.

'어? 저 사람은 그때 그 방물장수?'

보잘것없는 방물장수가 화려한 가마를 타고 가는 게 어쩐지 수상하다 했더니, 방물장수의 진짜 신분은 상궁이었다. 왕비 후보감을 찾으려고 상궁은 방물장수로 꾸며 이집 저집을 돌아다녔던 것이다.

'그게 다 시험이었다니, 이럴 줄 알았으면 더 함부로 구는 건데…….'

하지만 벌써 지나간 일이었다.

"이제부터 왕비를 뽑는 첫 시험을 시작합니다. 아기씨들은 모두 대청으로 나와 주시기 바랍니다."

상궁의 말이 끝나자마자 규수들은 자리에서 일어나 차례대로 빠져나갔다. 연희 뒤에 줄을 선 진이는 두 손으로 옷고름을 꽉 붙잡으며 다시 한 번 마음을 다져먹었다.

대청으로 나가자, 그곳엔 규수들 수만큼 점심상이 차려져 있었다. 규수들은 저마다 상 앞에 자리를 잡았다. 상 위엔 국수장국과 김치 그리고 화채가 놓여 있었다.

"자, 이제부터 마음 편히 점심을 드십시오."

상궁이 규수들을 바라보며 말했다. 규수들은 저마다 말없이 젓가락을 들고 국수를 먹었다. 양갓집 규수들답게 예의범절이 몸에 배 있어, 하나같이 먹는 모습이 얌전하고 예뻤다.

　발을 쳐 놓은 저쪽 방 안에선 대비와 내전의 어른들이 죽 앉아서 이를 지켜보고 있었다. 물론 규수들의 행동거지를 요모조모 살펴 점수를 매기는 일은 경험 많은 내명부의 나이 든 상궁들이 했다. 규수들을 찬찬히 지켜보던 왕실의 어른들과 나이 든 상궁들은 얼굴 가득 웃음을 지으며 고개를 끄덕였다. 그때였다.
　"후루룩 쩝쩝."
　어디선가 국수 가닥을 세차게 빨아먹는 소리가 났다. 깜짝 놀란 사람들은 모두 소리가 나는 곳을 바라봤다. 진이가 국수 그릇을 손에 들고 후루룩후루룩 소리를 내며 국수 가닥을 삼키고 있었다.

"저, 저런……."

놀란 상궁들은 혀를 끌끌 찼다. 하지만 진이는 아랑곳하지 않았다. 김치를 입 안에 넣고 소리 내어 쩝쩝 씹더니, 왼손에 쥐고 있던 젓가락을 상 위에 탕 내려놓았다. 그리고 이번엔 화채 그릇을 한 손으로 집어 들고 단숨에 후루룩 마셔 버렸다. 늙은 상궁들은 눈을 동그랗게 뜬 채 할 말을 잃었고, 발 뒤에 앉아 있는 왕실 어른들의 얼굴도 딱딱하게 굳었다. 그때 대청을 울리는 트림 소리가 울려 퍼졌다.

"끅!"

## 역사스페셜 박물관

### 창경궁 통명전

궁궐에는 왕비가 지내는 곳이 따로 있는데요, 그곳을 내전 또는 중궁전이라고 해요. 창경궁의 내전은 바로 이 통명전입니다. 왕비 간택이 이루어진 장소도 바로 이곳이지요. 간택이 된 왕비는 통명전 대청마루에서 혼례를 치르고 난 뒤 동쪽 방에서 첫날밤을 보냈어요. 보물 818호. (시몽포토)

### 조선 시대 미인의 얼굴

왕비가 되려면 가문과 마음씨뿐만 아니라 얼굴 생김새도 중요했다고 해요. 왼쪽 긴 그림은 조선 시대 화가 신윤복이 그린 '미인도'인데, 그때는 이처럼 얼굴이 둥글고 귀여운 얼굴을 좋아했다고 해요. 이와 달리 왕실이나 양갓집에서는 그 옆 그림처럼 네모반듯한 이마에 턱이 둥글고 컸으며, 눈이 가늘고 눈썹이 곧고 가지런한 여자를 미인으로 여겼다고 해요. (간송미술관/동아대학교박물관)

### 조선 시대 왕비의 구실

조선 시대의 헌법인 《경국대전》에는 왕비의 구실을 "내명부와 외명부를 다스리는 수장"이라고 나와 있어요. 내명부는 궁궐 안의 내인(궁녀나 후궁)을 말하고, 외명부는 문무백관의 부인들을 가리키지요. 영조 때엔 내명부만 해도 육백이 넘었다고 하니, 외명부까지 하면 훨씬 더 많았을 거예요. 왕비는 왕의 여자로서만이 아니라, 이렇듯 정치의 중심에 서 있었던 것이지요. (규장각 한국학연구원)

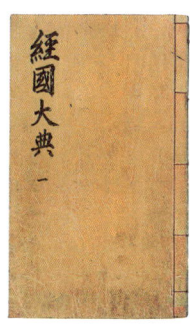

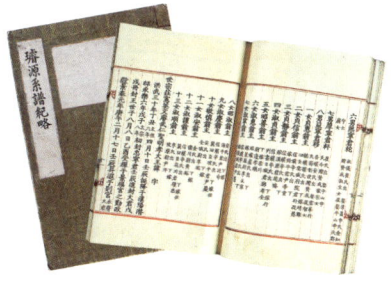

### 《선원계보기략》

이것은 숙종 때 낸 왕실의 족보 책입니다. 여기에 보면 영조는 후궁이 셋이었다고 해요. 그렇다면 왜 후궁 가운데서 왕비를 뽑지 않았을까요? 그것은 아버지 숙종 임금이 그것을 금했기 때문이에요. 숙종은 왕비인 인현 왕후를 내쫓고 후궁인 희빈 장씨를 왕비에 올렸지만, 얼마 뒤 희빈 장씨한테마저 사약을 내리고 말지요. 그래서 아예 후궁들이 왕비 자리를 놓고 서로 싸우는 것을 막으려 했던 것이지요. (한국학중앙연구원 장서각)

## 새로운 다짐을 하다

'이번엔 꼭 떨어져야 할 텐데.'

진이는 두근거리는 가슴을 안고 기다렸다. 드디어 세 번째 시험에 오른 세 규수가 불렸다.

"유학 윤득행의 딸, 현감 김노의 딸 그리고 마지막으로 유학 김한구의 딸, 이 세 사람이 삼간택에 뽑혔다."

진이는 자신의 귀를 의심했다. 김한구는 진이 아버지의 이름이었다.

'내가 또 뽑혔다고? 말도 안 돼! 어떻게 이런 일이 있을 수 있지?'

진이는 그저 어리둥절하기만 했다. 시험에서 떨어지려고 진이는 엉뚱한 짓도 서슴지 않았다. 첫 시험에서는 일부러 소리 내어 국수를 먹었고, 두 번째 시험에서는 일부러 아버지의 이름을 틀리게 썼다. 그런데도 진이는 번번이 시험에 붙었다. 그리고 마침내 삼간택까지 오른 것이다.

진이는 마음이 울적하고 답답해 정 도령 집으로 달려갔다.

"정 도령을 만나게 해 줘."

진이는 부끄러움을 무릅쓰고 하인한테 부탁했다. 하지만 돌아온 것은 가슴 아픈 전갈이었다.

"도련님이 아기씨를 안 만나시겠답니다."

"아니, 왜?"

"소인도 그 까닭은 모르겠습니다. 앞으로 다시는 안 만날 테니 그냥 돌아가라 하십니다."

그렇게 말하고 하인은 돌아섰다.

"자, 잠깐만!"

진이는 서둘러 하인을 불러 세웠다.

"다시 전해 줘. 도련님이 나올 때까지 여기서 기다리겠다고."

하인은 다시 안으로 들어갔다. 하지만 아무리 시간이 흘러도 정 도령은 안 나타났다. 저녁이 되자 하늘에 먹구름이 끼더니 어느새 굵은 빗방울이 떨어졌다. 그래도 진이는 꿈쩍도 안 했다. 옷이 흠뻑 젖어 들어 으스스 몸이 떨려 왔지만 진이는 참고 견뎠다. 그때 삐걱 소리가 나며 대문이 열렸다. 진이는 정 도령인 줄 알고 문 쪽을 바라봤지만 이번에도 아까 그 하인이었다.

"도련님이 이걸 전해 드리랍니다."

하인은 진이 앞에 자줏빛 비단 손수건을 건넸다. 진이는 살며시 손수건을 펼쳤다. 자줏빛 천에다 노란 실로 새긴 글자 하나가 드러났다.

'헤어질 리(離)?'

그것은 헤어지자는 뜻이었다. 진이는 눈물이 왈칵 쏟아졌다.

'내가 얼마나 애썼는데, 정 도령은 내 마음도 몰라주고……. 흑흑.'

힘없이 돌아서는 진이 머리 위로 또다시 세찬 빗줄기가 쏟아졌다.

그날 밤부터 진이는 끙끙 앓았다. 용한 의원들이 다녀갔지만 아무 소용이 없었다. 마지막 왕비 시험 날짜는 코앞에 다가오는데, 진이가 아파서 못 일어나자 아버지와 오빠 귀주는 안절부절못했다.

"도대체 의원들은 뭐라고 합디까?"

아버지가 큰 소리로 어머니한테 물었다.

"마음의 병이라네요."

어머니는 안타까운 얼굴로 말했다.

'마음의 병?'

귀주는 입속으로 되뇌었다.

"왜 아니겠어요? 이제 후궁이 되는 길밖에 안 남았으니……."

어머니는 그렇게 말하며 길게 한숨을 내쉬었다. 그러자 귀주가 버럭 소리를 질렀다.

"누가 후궁이 된단 말입니까? 우리 진이는 무슨 일이 있어도 왕비가 될 거란 말이에요."

"영감, 얘가 지금 무슨 얘길 하는 거예요?"

어머니가 아버지를 바라보며 어리둥절한 얼굴로 물었다.

"이번엔 왕비로 미리 정해진 아이가 없는 모양이오."

"그럼 소문은요?"

"그냥 소문일 뿐이오."

"그러니까 우리 진이도 왕비가 될 수 있다, 그 말입니까?"

어머니가 놀란 얼굴로 말했다.

"그렇소. 이제 왕비가 되고 안 되고는 모두 진이가 하기에 달렸소."

아버지는 그렇게 말하고는 진이가 누워 있는 방을 바라보았다.

"제가 진이를 일으켜 보겠습니다."

그러더니 귀주는 곧장 진이 방으로 들어갔다.

"진이야, 내 말을 잘 들어라."

"난 아무 말도 안 듣고 싶어요."

진이가 돌아누우며 말했다.

"너는 왕비가 되고 싶으냐, 아니면 후궁이 되고 싶은 게냐?"

"저는 아무것도 안 되고 싶어요. 그냥 평범하게 살고 싶어요. 제발 날 그냥 좀 내버려 두세요."

진이의 두 눈이 금세 젖어들었다.

"그래, 내버려 두면 대체 어떡하겠다는 것이냐?"

"왕비 시험에 안 나가고, 차라리 이대로 죽어 버리겠어요."

진이는 이제 아무런 미련도 없다는 듯 말했다.

"너는 어찌 너 하나만 생각하고 우리 집안은 아랑곳하지 않느냐?"

"우리 집안이라뇨?"

"지난번에 내가 가져온 그 돈, 그게 어디서 났는지 아느냐?"

진이는 천천히 일어나 귀주를 바라보았다.

"친척 어르신들께서 쌀과 재물을 내다 팔아 만들어 주신 것이다."

진이는 귀주의 말에 움찔했다. 친척 어르신들도 먹고살기 힘든 건 마찬가지일 텐데, 그렇게 도와줬다는 말에 진이는 자기 고집만 부리고 있을 수도 없었다.

"왕비를 낸 집안은 자자손손 큰소리를 치고 살 수 있게 된다. 부디 잘 생각해라. 우리 집안의 운명은 이제 네 어깨에 달려 있으니."

귀주는 힘주어 말하고 자리에서 일어났다. 귀주가 방을 나선 뒤 진이는 곰곰이 생각에 잠겼다. 왕비가 되면 모든 게 달라지는 건 틀림없다. 아버지와 오빠들은 높은 벼슬을 얻을 것이고, 또 많은 재물도 굴러 들어올 것이다. 그 생각을 하자 평생 가난한 선비로 살아온 아버지 얼굴이 떠올랐다. 딸한테 비단옷 한 벌 못 지어 줘 가슴 아파하는 어머니 얼굴도 떠올랐다.

'내가 왕비만 된다면, 우리 부모님은 더는 고생 안 해도 되겠지?'

진이는 이별의 아픔이 무척 컸지만, 마음을 고쳐먹기로 했다.

'난 이제까지 부모님한테 뭐 하나 제대로 해 드린 게 없었어.'

진이는 그동안 오로지 자기 생각만 해 온 자신이 부끄러웠다. 그래서 이번만큼은 꼭 부모님을 기쁘게 해 드려야겠다고 마음먹었다.

"우리 집안의 운명은 네 어깨에 달려 있다."

귀주 오빠의 말이 귓전을 맴돌았다.

그날 밤, 진이는 아무도 몰래 집을 빠져나와 정 도령을 만났던 절로 갔다. 정 도령한테 사랑 고백을 받았던 바로 그 절이었다. 절에 이른 진이는 그날을 생각하며 눈시울을 붉혔다.

'이제 더는 평범한 여자로 살 수 없겠지?'

진이는 그동안 품속에 고이 간직해 왔던 손수건을 꺼냈다. 손수건 안엔 바싹 마른 꽃반지가 들어 있었다. 말없이 꽃반지와 손수건을 내려다보던 진이는 절에서 제법 떨어진 곳에다 흙을 파고 손수건을 묻었다.

"난 왕비가 될 거야. 다시는 못 볼지 몰라. 안녕, 내 사랑!"

그렇게 정 도령과의 추억은 땅속에 고이 묻은 채 진이는 돌아섰다. 저 멀리 산 너머에서 먼동이 텄다. 드디어 운명의 날이 찾아왔다.

# 역사스페셜박물관

### 운현궁
삼간택에서 왕비로 뽑히면, 곧바로 별궁으로 가야 해요. 별궁은 왕비의 친정집과 궁궐의 중간쯤에 있는데, 이곳에서 혼례를 치르고 난 뒤 궁궐에 들어가기까지 숨 가쁘게 왕비 수업을 받습니다. 정순 왕후가 지냈던 별궁은 오늘날 안 남아 있지만, 명성 황후 민씨가 왕비 수업을 받았던 별궁은 아직까지 남아 있답니다. 그곳이 바로 운현궁이지요. (시몽포토)

### 적의와 가체

아이고, 내 머리!

꿩 무늬를 수놓은 포를 일컬어 적의라고 해요. 이 적의는 혼례복 가운데서 가장 화려한 옷이에요. 신분이 가장 높은 여자만이 이 적의를 입을 수 있는데, 바로 왕비만이 입을 수 있는 옷이지요. 또 혼례 때 왕비는 머리에 아주 크고 화려한 가짜머리를 얹는데, 이를 가체라고 하지요. 그 값이 엄청 비싸 영조 임금은 왕비 말고는 가체 대신 족두리를 쓰게 했어요. 정순 왕후도 숙종 때 스무 단이던 가체를 그 반으로 줄여서 썼어요. (한국관광공사)

### 영조 교명문
교명문은 왕이 왕비를 정하고 나서 내리는 글을 말합니다. 아래의 것은 영조 임금이 정순 왕후를 왕비로 간택한 뒤에 내린 교명문이지요. 교명문에는 왕이 왕비를 뽑은 까닭과 왕이 혼인을 어떻게 생각했는지 적혀 있어요. (국립고궁박물관)

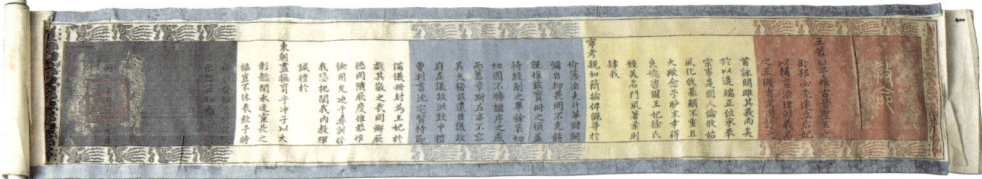

# 마침내 왕비가 되다

진이는 집안을 일으켜 세우려고 왕비가 되기로 다짐했지만, 그러자니 동무와 겨룰 수밖에 없었다. 그런 진이의 마음을 알아채고 연희가 먼저 말을 걸어왔다.

"너 또 나 때문에 힘들어하는구나?"

"응, 왠지 미안해서……."

진이가 힘없이 말끝을 흐렸다.

"왜?"

"넌 왕비가 되는 게 꿈이었잖아. 난 우리 집안을 위해 할 수 없이 왕비가 되려는 거고."

"그건 나도 마찬가지야."

"그게 정말이야?"

연희 말에 진이가 놀란 듯 소리쳤다.

"나 또한 왕비가 되려 했던 건 나만의 꿈이 아니라 우리 집안의 꿈이기도 했어. 그러니까 너도 너무 미안해할 필요 없어. 우리 둘 다 똑같은 셈이니까."

연희의 말을 듣고 나자 진이는 마음의 짐이 조금은 덜어지는 것 같았다. 그때 연희가 손을 내밀며 말했다.

"우리 끝까지 잘해 보자!"

"응, 그래."

진이는 고개를 끄덕이며 연희의 손을 맞잡았다.

"세 아기씨는 모두 대청으로 나오시지요."

방물장수로 꾸몄던 상궁이 기다리고 있던 규수들한테 말했다. 세 규수는 상궁이 가리키는 곳으로 나섰다.

대청 한가운데엔 용무늬가 새겨진 높은 의자가 놓여 있었고, 그 위에 늙은 어른이 앉아 있었다.

'누구지? 왕실 어르신인가?'

"전하께 절을 올리시지요."

상궁이 규수들한테 말했다.

'헉! 저분이 임금님?'

진이는 깜짝 놀랐다. 임금님이 나이가 많은 줄은 알았지만, 그렇다고 이렇게 늙은 어른일 줄은 몰랐던 것이다. 얼굴엔 주름이 자글자글하고 머리는 온통 서리를 맞은 듯 흰머리로 뒤덮여 있었다.

'왕비가 되어도 저런 할아버지와 같이 살아야 하다니…….'
하지만 이제 더는 어쩔 수가 없었다.
'그래도 후궁보다는 왕비가 훨씬 낫겠지.'
진이는 마음을 가다듬고 임금님께 절을 올렸다.
"이제부터 내 너희한테 문제를 낼 테니, 잘 생각해서 대답하여라."
임금님이 규수들을 바라보며 말했다. 연희는 정신을 똑바로 차리고 귀를 기울였다.
"자, 첫 번째 문제니라. 세상에서 가장 깊은 것이 무엇이냐?"
연희와 나머지 한 규수는 미리 생각이라도 해 둔 듯 술술 대답했다.
"산이옵니다."
"물이옵니다."
이번엔 진이 차례였다. 사람들의 눈길이 모두 자기한테로 쏠리자 진이는 진땀이 났다.
'세상에서 가장 깊은 것, 그게 뭘까?'
조바심이 나자 머리가 마치 텅 빈 것처럼 멍해졌다. 그러다 문득 진이의 머릿속으로 무언가 떠올랐다. 진이는 주저 없이 말했다.
"사람의 마음이옵니다."
"왜 그러하냐?"
임금님이 움찔하더니 곧 그 까닭을 물었다.
"사람의 마음은 결코 그 깊이를 잴 수 없기 때문입니다."

임금님은 빙그레 웃음을 지으며 고개를 끄덕였다. 진이는 그제야 속으로 '후유!' 하고 길게 한숨을 내쉬었다.

"그럼 다음 문제를 내마. 그렇다면 어떤 꽃이 가장 좋은 꽃이냐?"

이번에도 결코 만만치 않은 문제였다.

'목련도 좋고 연꽃도 좋고, 좋은 꽃들이 어디 한둘이어야 말이지?'

진이가 그러는 사이, 연희와 다른 규수는 벌써 자신 있게 대답했다.

"목련이옵니다."

"연꽃이옵니다."

하지만 진이는 이번에도 우물쭈물 임금님의 눈치를 살폈다. 그러다가 문득 정 도령이 손가락에 끼워 주었던 꽃반지가 떠올랐다.

'이름 없는 들꽃도 꽃반지가 되었을 땐 세상에서 가장 소중한 꽃이 되었어. 그렇다면……'

진이는 그제야 자신 있게 대답했다.

"저는 목화가 가장 좋다고 생각합니다."

목화? 대청에 모여 있던 사람들은 모두 고개를 갸웃했다.

"목화는 예쁜 꽃이 아니지 않느냐?"

임금님은 이번에도 움찔하더니 그 까닭을 물었다.

"목화는 꽃이 진 뒤에도 무명으로 옷을 지어 입을 수 있어 사람들을 따뜻하게 해 주지 않습니까?"

"허허, 과연 그렇구나."

임금님은 무척 즐거워 보였다.
"이제 마지막 문제니라. 통명전의 서까래 숫자가 모두 몇인 줄 어찌 알 수 있겠느냐?"
서까래란 기와 지붕을 떠받치고 있는 생선 가시처럼 생긴 나무들을 일컫는다.

이번엔 진이뿐 아니라 연희와 다른 규수도 대답을 못하고 쩔쩔 맸다. 바로 그때 진이의 귓가에 빗소리가 들렸다. 마음을 잔뜩 졸인 탓에 비가 내리고 있는지도 몰랐던 것이다. 빗소리에 이끌려 아무런 생각 없이 마당을 바라보던 진이는 문득 답이 떠올랐다.

"빗방울에 패인 땅의 홈을 세면 알 수 있습니다."

"오호, 그렇구나!"

임금님은 무릎을 쳤다.

드디어 마지막 시험이 모두 끝나고 잠깐 뒤면 이 가운데 한 사람은 왕비가, 나머지 두 사람은 후궁이 된다. 진이는 숨죽여 기다렸다.

"자, 이제 조선의 왕비가 되실 분을 말씀드리겠습니다."

진이는 눈을 감고 숨을 길게 내쉬었다.

"조선의 왕비는 김한구의 따님이십니다."

진이는 그 소리에 번쩍 눈을 떴다. 어리둥절해하는 진이한테 연희가 다가와 귓속말을 했다.

"진이야, 축하해."

웃고 있는 연희의 두 눈엔 눈물이 고여 있었다.

"연희야, 고마워."

어느새 진이의 눈에도 눈물이 고였다.

한 달 뒤, 드디어 왕의 혼례가 열렸다. 임금님은 창경궁 명정전에서 예를 올린 뒤 홍화문을 나와 왕비가 있는 어의궁에 가서 왕비를 맞았다.

머리에 무거운 가체를 쓰고 적의를 입은 진이는 왕비의 가마에 올라탔다. 진이를 태운 가마는 긴 혼례 행렬을 따라서 돈화문을 거쳐 궁궐 쪽으로 갔다. 먼저 왕의 가마가 지나가자 혼례를 구경하러 온 백성들이 모두 땅바닥에 엎드렸다. 똑똑하고 슬기로운 새 왕비를 맞이한 임금님의 얼굴은 싱글벙글 웃음이 떠나질 않았다. 곧이어 왕비의 가마가 지나갔다. 둘레가 가려져 있는 가마 안에서 진이는 머리를 짓누르는 무거운 가체 때문에 땀을 뻘뻘 흘렸다.

"아휴, 무거워."

　하지만 무겁다고 벗을 수도 없었다. 진이는 문득 왕비의 삶이란 어쩌면 지금 머리에 이고 있는 가체와 같은 것일지도 모른다는 생각이 들었다. 그러자 금세 가슴이 미어 왔다. 하지만 아무리 힘들고 외로워도 참고 견뎌야 했다.

　밀려오는 슬픔에 흐느껴 울고 있는데, 문틈으로 한 줄기 시원한 바람이 불어왔다. 진이는 울음을 그치고 문구멍으로 살며시 밖을 내다보았다. 수많은 백성들이 큰길 양옆에서 왕비의 탄생을 축하해 주고 있었다. 환하게 웃고 있는 백성들을 보자 진이는 어깨가 무거워졌다.

　'저렇게 많은 백성들이 나를 왕비로 맞아 주는구나. 그래, 난 이제 더는 어린 진이가 아니야. 이제부턴 조선의 국모야!'

　옷깃으로 눈물을 닦으며 진이는 보란 듯이 조선의 국모가 될 것을 다짐했다. 바로 그때 진이는 구경꾼들 속에서 낯익은 얼굴을 보았다.

'어? 저, 정 도령?'
 정 도령은 슬픈 얼굴로 왕비의 가마를 지켜보고 있었다. 조금이라도 더 정 도령을 보려고 고개를 돌려보았지만, 가마는 어느새 정 도령을 지나쳐 새 길로 접어들었다. 저만치 커다란 궁궐 문이 나타났다. 왕비를 태운 가마는 천천히 궁궐 안으로 사라졌다.

## 역사스페셜박물관

### 부련
왕의 혼례를 구경하려고 모여든 백성들은 왕과 왕비의 가마가 나타나기만을 손꼽아 기다렸을 거예요. 하지만 긴 행렬이 지나고 난 뒤 왕과 왕비의 가마가 나타나기 전에 빈 가마 한 대가 먼저 지나가는데, 이를 일러 부련이라고 해요. 이는 만일에 있을지 모를 사고를 막으려는 방책이었지요.

### 왕의 가마
드디어 왕의 가마가 지나갑니다. 호위 무사들한테 둘러싸여 있는 왕의 가마는 안이 훤히 다 들여다보여요. 왕의 혼례 행사는 텔레비전이 없던 조선 시대에 백성들이 왕의 모습을 직접 볼 수 있는 몇 안 되는 기회 가운데 하나였지요.

### 꽃가마
반차도에 나오는 꽃가마는 모두 네 대인데, 가마 안엔 사람이 아니라 중요한 물건이 들어 있어요. 가마 네 대에는 차례로 왕비 책봉문인 교명, 왕비 책봉을 알리는 기록책인 옥책, 왕비의 권리를 행사할 수 있는 도장인 금보, 왕비의 예복인 명복이 실려 있지요.

### 왕비의 가마
가마꾼이 자그마치 열둘이나 메고 가는 이 화려한 가마가 바로 왕비의 가마입니다. 왕의 가마와는 달리 둘레가 가려져 있어 왕비의 모습은 볼 수 없어요. 맨 위의 반차도 그림을 보면 오른쪽 끝 쪽에 있는 왕비의 가마 둘레에는 말을 타고 가는 사람들이 있는데, 이들은 왕비를 모시는 상궁과 시녀들입니다.

### 반차도

《영조 정순후 가례도감의궤》맨 뒤쪽에 보면 '반차도'라는 그림이 실려 있어요. 왕이 별궁에 몸소 가서 왕비를 데려오는 행사를 미리 그림으로 그린 것이지요. 이것을 일러 친영이라고 하는데, 혼례에서 가장 중요한 행사라고 할 수 있어요. 이 그림은 그때 이름난 화가 열일곱이나 불러 모아 그린 것인데, 관리들의 옷 빛깔이나 서야 할 자리 같은 것을 빈틈없이 그려 내는 것을 무엇보다 중요하게 여겼지요. (규장각 한국학연구원)

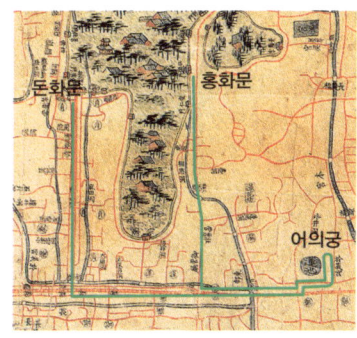

### 도성도

왕의 혼례 행렬은 어디에서 어디로 가는 것일까요? 옆 지도는 조선 시대 수도인 한성을 그린 도성도인데, 행렬이 지나간 곳을 선으로 나타내고 있어요. 창경궁 명정전에서 예를 올린 왕의 행렬은 홍화문으로 나와 왕비가 임시로 있는 어의궁 본궁으로 갔어요. 이곳 본궁에서 왕비를 맞이한 왕은 다시 돈화문을 거쳐 궁궐로 들어갔지요. 반차도에 나타난 화려한 행렬은 바로 이 장면을 그린 것이지요. (규장각 한국학연구원)

### 원릉

영조 임금의 무덤은 경기도 구리시 인창동에 있어요. 바로 두 번째 왕비인 정순 왕후의 옆자리예요. 영조 임금이 먼저 세상을 떠나면서 정순 왕후의 자리를 비워 둔 것이지요. 죽어서도 어린 왕비를 챙겨 주고 싶으셨나 봐요. (시몽포토)

## 진이, 신랑을 만나다

"진이야, 진이야!"
할아버지가 부르는 소리에 진이는 정신이 번쩍 들었다.
'정말 이상한 꿈이야. 가만, 이 꽃은 어디서 많이 본 꽃인데?'
진이는 무덤 위에 피어난 한 떨기 꽃을 바라보았다.
'맞아, 그 꽃반지! 근데 왜 이 꽃이 여기에 있지? 어쩌면 이 무덤이 왕비의 무덤?"
그때 어디선가 "어이쿠!" 하는 비명 소리가 들렸다. 진이는 고개를 내밀고 소리가 난 쪽을 바라보았다. 경주 할아버지가 넘어져서 무릎을 만지고 있었다. 깜짝 놀란 진이는 할아버지 쪽으로 달려갔다. 그런데 진이보다 한 발 앞서 달려온 사람이 있었다. 중학교 교복을 입은 멋진 남학생이었다.
"괜찮으세요, 할아버지?"
"무릎이 아파서 더는 못 걷겠어."
"어떡하죠? 가까이엔 병원도 없는데."
뒤늦게 달려온 진이는 괜스레 수선을 떨었다.
"할아버지, 어떡해요? 많이 다쳤어요?"
그러자 남학생은 주저 없이 할아버지 앞에 쭈그려 앉으며 말했다.
"저한테 업히세요."

할아버지를 등에 업은 남학생은 씩씩하게 걸어갔다.
'이렇게 멋진 남자를 놔두고, 얼굴도 모르는 사람이랑 결혼하라고?'
진이는 생각할수록 경주 할아버지가 얄미웠다.
"이렇게 도와줘서 정말 고마워요."
진이가 주뼛거리며 그 남학생한테 고맙다는 인사를 했다.
"이게 다 네가 달아나는 바람에 생긴 일이야."
눈치 없이 끼어드는 경주 할아버지 때문에 진이는 속이 탔다.
"고맙긴. 다 내가 늦게 오는 바람에 생긴 일인데."
"네?"
진이는 어리둥절한 얼굴로 그 멋진 남학생을 바라보았다.
"네가 진이구나. 할아버지 말씀대로 아주 귀엽네."
멋진 남학생은 진이를 바라보며 씩 웃었다. 웃는 모습도 참 귀여웠다.
'그럼, 할아버지가 말한 내 신랑감이 바로 이 오빠?'
진이는 기쁘고 놀란 나머지 입을 다물 줄 몰랐다.
"녀석아, 입 다물어! 파리 들어가."
경주 할아버지는 진이를 바라보며 찡긋하고 눈웃음을 날렸다.

## 왕비가 된 정순 왕후의 삶은 어땠을까?

왕비는 조선 시대에 여자가 오를 수 있는 가장 높은 자리였어요. 하지만 햇볕이 있으면 그늘이 있듯 왕비로 산다는 것이 늘 행복했던 일은 아니었지요. 그렇다면 열다섯 어린 나이에 왕비가 된 정순 왕후는 어떤 삶을 살았을까요?

### 자식 없는 외로운 왕비

조선 시대 왕비의 가장 큰 구실은 후사를 잇는 것, 곧 왕자를 낳는 일이었다. 하지만 정순 왕후는 왕자를 못 낳았다. 그것은 어쩌면 미리 내다본 일이었는지 모른다. 정순 왕후가 혼례를 올렸을 때 영조 임금은 예순여섯의 노인이었으니까. 17년 동안 자식 하나 없이 오직 왕의 뒷바라지에 젊음을 바친 정순 왕후는 겨우 서른한 살 나이에 홀몸이 된다.

### 타오르는 권력욕

왕비가 될 무렵 영조에 얽힌 이야기에 나타난 정순 왕후는 무척 똑똑하고 슬기로운 여인이었다. 또한 그때까지만 해도 그녀의 일가친척들은 정치색을 안 드러냈다. 하지만 왕후가 되고 나자 정순 왕후와 일가친척들은 노론 강경파의 핵심으로 활약하면서 권력 장악에 힘을 쏟는다. 더욱이 사도세자를 죽이는 데 적잖이 구실을 하면서 그 아들인 정조와 맞서게 된다. 영조 임금이 죽은 뒤 왕실의 으뜸 어른이라는 걸 내세워 나랏일에 간섭하려 했지만, 정조는 그렇게 만만한 인물이 아니었다. 정순 왕후는 울분을 삼키며 때를 기다렸다.

### 조선의 뒷걸음질

정조가 느닷없이 세상을 뜬 뒤, 조선은 정순 왕후의 세상이 됐다. 어린 순조가 왕의 자리에 오르자 정순 왕후는 수렴청정으로 국왕에 버금가는 권력을 휘둘렀다. 정조의 개혁 정책을 뒷받침했던 사람들을 죽이거나 귀양을 보내 버렸다. 이로써 정조의 노력은 모두 헛일이 돼 버렸고, 조선은 다시 뒷걸음질치고 만다.

### 쓸쓸한 죽음

어린 순조가 커서 손수 나라를 다스리게 되자 정순 왕후도 권좌에서 물러난다. 더는 권력을 휘두르지 못하게 되자 삶의 의욕이 꺾인 탓일까? 그 이듬해 정순 왕후는 창덕궁 경복전에서 갑작스럽게 쓸쓸히 삶을 마감한다.

### 왕비의 운명

왕비는 물론 화려하고 고귀한 신분이지만, 그 뒤에는 어쩔 수 없이 견뎌 내야 하는 아픔과 불행이 있었다. 후사를 잇지 못하면 쫓겨나지 않을까 하는 불안함, 권력의 소용돌이 속에서 살아남으려는 몸부림 그리고 외로움. 그들은 어쩌면 늘 마음 한구석에 평범한 아녀자들의 삶을 그리워하지 않았을까?

**역사 스페셜 작가들이 쓴 이야기 한국사 31**
조선 시대 왕 이야기 ❸ 왕의 어린 왕비

**글** 권기경 | **그림** 최정인

**초판 1쇄 펴낸날** 2009년 11월 20일 | **초판 11쇄 펴낸날** 2020년 12월 7일
**펴낸이** 조은희 | **편집장** 한해숙 | **기획·편집** 네사람
**디자인책임** 하늘·민 | **디자인** 최성수, 이이환 | **사진진행** 시몽포토에이전시
**마케팅** 박영준, 한지훈 | **온라인 마케팅** 정보영 | **경영지원** 김효순 | **제작** 정영조, 강명주
**펴낸곳** (주)한솔수북 | **출판 등록** 제 2013-000276호 | **주소** 03996 서울시 마포구 월드컵로 96 영훈빌딩 5층
**전화** 02-2001-5823(편집), 02-2001-5828(영업) | **전송** 02-2060-0108 | **전자우편** isoobook@eduhansol.co.kr
**블로그** blog.naver.com/hsoobook | **인스타그램** soobook2 | **페이스북** soobook2
**ISBN** 979-11-7028-493-2  73910 | **ISBN** 979-11-7028-461-1 (세트)

**어린이제품안전특별법에 의한 제품 표시**
**품명** 아동 도서 | **사용연령** 만 8세 이상 어린이 제품 | **제조국** 대한민국 | **제조자명** ㈜한솔수북 | **제조년월** 2020년 12월

© 2009 권기경·네사람·(주)한솔수북
※ 저작권법으로 보호받는 저작물이므로 저작권자의 서명 동의 없이 다른 곳에 옮겨 싣거나 베껴 쓸 수 없으며 전산장치에 저장할 수 없습니다.
※ 값은 뒤표지에 있습니다.

한솔수북 한솔수북의 모든 책은 아이의 눈, 엄마의 마음으로 만듭니다.